JN437747

별빛과 나뭇잎

김종태 시집

별빛과 나뭇잎

Poems by Kim Jong Tae

동학사

■ 시인의 말

사월의 황무지에서 울던 새들, 어두운 초원에 서 있는 나무 두 그루. 높이 서 있는 나무는 빛을 잡으려고 하지만 빛의 노래들은 황혼의 하늘로 사라진다.

세계의 황혼 속에 눈동자만 빛난다. 빛을 따라가 보지만 눈빛이 만난 것은 어둠이다. 어둠 속으로 눈빛은 갈 수 없다.

눈동자만 홀로 거울처럼 빛난다. 빛나는 세상을 비추지만 거울은 세상을 모른다. 거울빛의 이미지와 상징들은 거울 표면에서 사라진다. 표면 뒤에는 아무것도 없다.

길에 나무들이 서 있다. 나뭇잎들이 햇빛과 대화한다. 그 초록빛 말들을 들을 수 있으면 좋겠다. 땅을 넘어서는 초원의 말이기 때문이다.

황혼에 나무들을 바라보며 서 있다. 저녁길의 노을 속에 “나무, 나뭇잎 없이” 서 있다. 지난 세기의 세계의 풍경에 나는 무엇을 덧붙일 것인가?

어둠이 내리면 저 풍경들은 어디로 사라질 것인가? 천상과 지상의 어둠과 황폐에 맞서는 곳은? 밤의 나무들과 별빛이 내리는 나뭇잎들의 길인가?

2022. 11.

별빛과 나뭇잎

김종태 시집

01

나무 잿꽃

02

거울 눈꽃

03

하늘 별꽃

01 나무 잿꽃

눈꽃

불꽃 위로 떨어져
불꽃 위에 누워

잠을 자다
재에서 눈을 뜬다.

잿빛 얼굴
맑은 눈

겨울꽃 눈빛
별빛 따라 하늘로 갔다.

땅은 다시 어두워 지고
저녁 능선길 따라 검은 나무들이 서 있었다.

적막한 겨울 보리밭에는
흰 눈꽃이 내리고 있었다.

은총과 중력

검은 바다에서 잔 물결이 일어나
빛이 있으라 그림자가 있었다.

죽은 새들이 창가에서 노래하고
거리에는 황사바람이 불었다.

은하가 은하에로 흐르고
별들이 검은 하늘로 사라졌다.

길에서 가로수들이 마르고
그림자 하나 어두운 방을 지나갔다.

죽은 별들이 떠다니는 하늘에서
검은 눈동자가 나를 내려다 보았다.

마른 가로수에 새 한 마리 앉아있고
찬 빗방울이 겨울나무에 매달려 있었다.

천산 산맥에서 눈이 녹고
푸른 빙산들이 붉은 땅 위로 쓰러졌다.

바다에는 하얀 비닐들이 유령처럼 떠다니고
땅에는 강들이 죽는다.

우리는 어느날 저녁나무 아래 서 있었다.

빛의 죽음

타는듯한 大地 위로 그림자들이 걸어간다.
오후에 돌 신전은 긴 그림자로 서 있다.
땅 위로 걸어가는 그림자는 알지 못한다.
빛이 있어 그림자밖에는 모른다.

눈동자 빛창살 속에서 갇혀있다.
달빛, 별빛, 꽃빛, 빛그림자들만 본다.
눈빛밖에는 아무것도 없다.
이 세상에 있지도 않고 저 세상에 있지도 않다.

부서지는 빛의 날들, 가을 나뭇잎의 날들에
화려한 화면 앞에 앉아 있다.
빛의 환영들 사라지고, 잿빛속으로
재의 눈물이 떨어진다.

빛나는 거울

오늘도 거울들이 빛난다.

사람들이 거울을 들고 거리에 서 있어요.
자동차들이 거울을 달고 거리를 달려가요.

오늘도 해가 진다.

바닷가에 거울이 있어요.
서쪽 노을이 빈 거울 속에 있어요.

오늘도 거울들이 눈 감는다.

거울 속으로 사람들이 사라져요.
거울 속으로 자동차들이 사라져요.

아라동 달샘마을

겨울 하늘 소나무 가지에서
맑은 새소리와 물소리가 들려온다.

샘가에 앉아있는 메아리 요정
물거울에 떠나온 숲 하늘이 비친다.

저녁 하늘 무덤처럼 구름들이 피어나고
집 나온 그림자들이 거울집으로 돌아간다.

밤에 달샘길 따라온 산지물은 혼자 흘러가고
절터 달빛 아래에서 달샘은 잠이 든다.

겨울날

창밖으로 눈이 꿈처럼 내리는데
어두운 방안에 아이들이 잠자고 있었다.

차가운 하늘 겨울 유리창에
지난 가을의 흰구름들이 지나갔다.

잿빛 하늘에 가마귀들이 날아가는데
먼 들판으로 눈 먼 사람이 걸어갔다.

바람부는 지평선으로 나뭇잎들이 날아가는데
저녁은 흙빛 눈물을 흘렸다.

겨울나무 아래 그림자가 서 있는데
하얀 숲속에서 사람들이 울고 있었다.

첼란의 죽음

사람들 가고 나무들만

얼마나 많은 말들을
나무들은 듣는가

잿빛언어 속에서
"말한다는 것은 모든 말해진 것을
포함하기에, 범죄가 되는 시대에"

광장과 광야에도 노래는 없다.
눈과 얼음 속에서 목소리는 살아나지 않는다.

"나뭇잎, 나무없이"
강물 위로 떨어진다.

잿빛 세상 밖에서
"인간 저편" 빛의 노래는 들리지 않고
어두운 센 강물은 말없이 흐른다.

흙은 다시 하늘이 되어

나뭇잎이 떨어집니다.
햇빛이 떨어집니다.

나뭇잎은 흙이 됩니다.
햇빛도 흙이 됩니다.

죽은 빛들을 밟고 밤에 걸어갑니다.
잿빛 얼굴이 하늘을 바라봅니다.

나뭇잎 하늘이 사라졌습니다.
하얀 꽃 피는 푸른 하늘이 없습니다.

옛날, 나뭇잎 하늘에
별빛과 바람이 있었습니다.

길가 가로등 아래 나뭇잎들이 있습니다.
죽은 햇빛 위로 별빛이 내립니다.

산지천

산새들만 있는 산무덤 지나
산 아래로 흐른다.

하얀 꽃 피는 여름 저녁
하늘에 떠있는 흰구름

저무는 저편 성당
저녁 종소리

장터 다리 아래에서
작아지는 물소리

어두운 길에 나타난
낯익은 얼굴들

적막한 성터를 지나
밤 바다로 흐른다.

서귀바다

바다만 바라보던 바위산은
큰 비 온 후 산물되어
흙담숲으로 내려와
산 아래 솜반내로 흐른다.

천지연 지나 소낭머리
저녁 바닷가 소낭으로
서쪽으로 지는 해를 바라보다
검은여 달빛바다

하얀 돛단배로 떠 있다.

오월의 꽃

제주의 오월에
귤꽃, 멀구슬꽃, 인동꽃
조천바다 물새들 따라
꽃향기로 밤길을 간다.

새천지가 없더라도
하얀 돛 물길과 향기로운 바람이다.

지귀도 지나 숲섬 앞
달빛 바다 은빛 물결
꽃구름으로 피어난다.

간월동 가는 길

눈동자에 빛이 눈뜨고 있소.
길에는 달빛이 흐르고 있소.

저녁 구름 산 넘어가지 못하고
어두운 길에서 새들이 울고 있소.

사람들은 거울 속에서 얘기하고 있소.
밭에는 하얀 종이새가 날고 있소.

눈먼 자동차들이 지나간
간월천 아래로 검은 눈물이 떨어지고 있소.

산지천 봄날 노란 유채꽃이
돌바위 박성내로 흐르고 있소.

거울 속 겨울

눈 내리면
겨울 숲에
하얀 수선화

눈 내리면
거울 숲에
날아가는 검은 새

눈 속에서
거울 속으로
겨울은 잠든다.

가는 길

눈감은 하늘에 새들이 없다.
들판에 연기가 피어 오른다.

겨울나무에 나뭇잎들이 없다.
창밖에 그림자들이 서있다.

안개 낀 화장장에 시체들이 누워있다.
거리에 재가 바람에 날린다.

밤하늘에 죽은 별들이 떠있다.
검은 머리칼이 바람 속에서 울고 있다.

거리의 사람들이 별먼지 속으로 사라진다.
흙바람 속에서 하얀 휴지가 나를 본다.

바라 아제

지상의 빛이 사라지는 저녁에
삼나무 숲 위로 새들이 날아갔다.

장미꽃이 말없이 마지막 꽃잎을 떨어뜨릴 때
촛불을 든 수녀가 어두운 계단을 올라갔다.

들판에 버려진 나무들이 겨울로 가고
산 위의 먼 사원에 싸락눈이 내렸다.

가만히 가만히 세상 너머로 가자.

지상에 온 빛이 다시 우리를 밤하늘로
데려가듯이, 저녁놀에서 별빛으로 가자.

저녁바람과 나뭇잎따라
세찬 강을 건너고 어두운 밤을 지나서 가자.

이 세상을 건너서 가자.

여름날

하얀 연꽃 피는 날
개울에서 들려오는 개구리 울음소리

하늘 연꽃 지는 날
빗길 나무에 걸려있는 비닐우산

빛의 흔적
여름 낮에 나뭇길에 그림자

지상에 내려와 슬픈 별빛
돌담 아래 비 맞으며 노파가 앉아있다.

하늘 별빛들
여름밤 하늘에서 빛나는구나.

봄산

안개 낀 봄날에 산벚꽃이 피어 있습니다.
산에는 나뭇잎과 산새들만 있습니다.
산담에는 이끼와 도채비꽃이 푸릅니다.
숲속 검은 비석에 산가마귀가 앉아 있습니다.
쓸쓸한 산무덤에 얼굴들이 나타났다 사라집니다.
푸른 얼굴 위로 밤에 별빛이 내립니다.

어느날의 태도

오후에 고양이가 돌담 위로 걸어갔다.
날마다 고양이를 끌고 산책하는 남자가 있었다.

어느날 나는 나뭇잎들의 그늘 아래 서 있었다.
나무에 매달려 있는 나뭇잎들을 보았다.

어느날 나는 거울을 보았다.
거울 그림자가 보이지 않았다.

어느날 나는 거리에 서 있었다.
신호등을 기다렸다. 버스가 왔다.

어느날 문득 나는 거리에 없었다.
나 없는 거리에 나는 서 있었다.

낮말

낮이 돌담 표면에서 빛난다.
빛 나는 표면 뒤로 갈 수 없다.

빛의 표면이 너무 밝다.
햇빛 뒤로 갈 수 없다.

빛무대 뒤에는 또 다른
밤무대가 있다고 한다.

무대를 바라보는 눈 뒤에는
바람, 하늘 뒤에는
허공, 눈동자 뒤에는
거울

하얀 표면,
거울 뒤에는 아무것도 없다고 한다.

그래도 거울 표면에서
우리들의 이름은 빛난다.

그림자 없는
낱말들처럼.

나뭇잎

나무를 키우던 햇빛의
작은 손들은 아래로 떨어지네.

빛하늘을 향한 그리움들은
바람 가는 지평선으로 날아가네.

빛나던 여름날의 푸름꿈들은
연못에 물그림자로 떠 있네.

작은 거울, 빛의 눈동자들은
밤에 눈 감네.

나뭇잎들, 지상의 초록 물결
어느 먼 날 하늘의 푸른 별빛이었나.

눈빛

돌담길에 머물다가
담 아래 시든 풀잎들을 본다.

오후에 공원에서
화투를 치고 있는 사람들을 지나간다.

사람없는 가게들을 떠나
저녁 불꺼진 갤러리를 들여다 본다.

길에서 빛나던 나는 밤에
눈감은 거울 속으로 들어간다.

잠든 거울이
가만히 눈물 흘린다.

햇빛 풍경

햇빛 뒤에는 그림자가 없다.
풍경 뒤에는 그림이 없다.
언어 뒤에는 그리움이 없다.

꿈처럼 사라지는 빛
빛 뒤에는 아무것도 없다.

그늘 속에서 몸을 일으키는 빛 그림자
나뭇잎 하늘에 날아오르는 새들
잿 눈물 속에서 살아나는 눈빛

빛처럼 일어나는 꿈
빛 속에는 모든 것이 있으면서 없다.

일상의 꿈

소나무에 황사바람 부는 날들
마른 하늘에서 노래소리가 들려왔다.

무덤가에 피어 있는 하얀 수선화들
하얀 산길로 사람들이 걸어갔다.

창가에서 노래하는 검은 새들
황폐한 사원들이 무너져내렸다.

나뭇가지 사이로 보이는 낮달
그림자들이 바람에 날아갔다.

눈뜨고 있는 꿈들
놀라지 않는 오늘이었다.

아라능선길에 베어진 나무들

나뭇잎이 새들을 키웁니다.
나뭇잎에 새들이 앉아 노래합니다.
나뭇입의 노래입니다.

능선길의 나무들을 베어버리자
새들은 죽었습니다.
노래들도 사라졌습니다.

길에는 죽은 나무들과 새들만이 있습니다.

세상은 나무잎과 새들의 노래였습니다.

그림 속 그리움

눈 속에 묻힌 달내마을 나와
대관령 눈고갯길로 걸어간 어머니

햇빛 속에 잠들어 있는 숲무덤들 지나
어성전 숲고갯길로 넘어간 사람들

물소리와 바람소리 따라
해와 달, 별들이 흘러간 길들

이제는 눈거울 속에 잠들어 있네.

부름이 없더라도

바람이 없더라도
구름이어요.
부르지 않아도 우리는 흘러요.

손짓이 없더라도
돌담의 담쟁이어요.
흙과 돌로 돌아가요.

눈빛이 없더라도
빛나는 물결이어요.
언덕의 무지개로 우리는 사라져요.

부름따라 흐름따라
하늘의 별빛으로 우리는 돌아가요.

날마다의 흐름이 알 수 없는 부름이어요.

세상의 이쪽

여름날 먼곳에서 새가 울어요.
하얀 길이 푸른 칡넝쿨 사이를 가고 있어요.

대지는 푸르고 노래하고 빛나요.

이상한 고요, 빛나는 고요
여름날이 신비한 고요 속에 있어요.

살면서 사랑했던 사람들
이 푸른 고요 속에 잠들어 있는것만 같아요.

거울언어

거울에 햇빛
눈동자에 눈빛

거울 속에 하얀 새가 앉아있다.
눈동자 속으로 까만 새가 날아간다.

거울 속에 눈동자가 있다.
눈동자 속에 거울이 있다.

거울눈동자
눈동자거울

거울 눈동자 앞으로 와서
눈동자 거울 뒤로 간다.

맑은 눈물,
세상도 없이

빛의 순례

밤길에 눈은 내린다.
순례자들이 땅에 엎드린다.

사막을 건너 온 무서운 침묵이다.
깊고 어두운 밤의 신비로운 빛을 따라간다.

머리칼은 바람이고 시선은 별빛이다.
별빛의 길을 따라 세상을 떠난다.

생명이 창조되는 태초의 빛을 찾아 간다.
거리의 불빛들 떠나 먼 별빛으로 간다.

02

거울 눈꽃

돌 속에 나뭇잎이

나는
어느날의 햇빛이었나?
어느날의 불빛이었나?

사막 호수에서 부르는 소리는 어디로 갔나?
눈 산맥으로 부르는 바람은 어디로 갔나?

나무를 떠난 나뭇잎에게
저녁바람도 오지 않는다.

나무책상에 나뭇잎 한잎 가만히 앉아서
먼 산맥 바위들이 부르는 소리를 듣고 있네.

나뭇잎과 나는
어느날의 바람이였나?
어느날의 재였나?

빛과 바람이
돌 속에 잠들어 있네.

거울꽃

달밤이다
거울에 달 그림자
달맞이꽃

얼굴이다
그림 속 그리운 얼굴
물에 비친 연꽃

거울 속으로 흐른다
겨울 바다로 흐른다
흐느끼며 흐른다

물거울에 환영들
하얀 꽃들이
거울 바다로 흐른다.

아름다운 꿈

샘가에 메아리
눈 속에 눈동자

거울을 보고 있는 요정
거울 속에 잠든 요정

요정들의 꿈

빛과 구름
하늘 아래

비스와 강의 새들
아무다리아 강의 나무들
아무르 강의 물고기들

메아리 요정들의 눈동자에
빛나는 날들

밤에

길가에 서있는 그림자를
누가 부르나?

그림자는
길가에서 서성이다 가엾이 가버린다.

하늘가에서 흔들리는 나뭇잎들
누가 부르나?
나뭇잎은 별빛도 없는 밤에 땅으로 떨어진다.

잿빛 사람들이 흙먼지바람 속을 걸어간다.
거리의 불빛들이 별먼지로 사라진다.

하늘에는 별사막
땅에는 모래사막,

그림자도 없는 폐허에
나뭇잎 홀로

어둠속에 있네.
나무들도 없이

선율

오후의 하늘에 날아가는 새들
길 건너 풀숲으로 기어가는 벌레
잠 든 바다에 눈뜨고 있는 작은 물결들

바람이 나뭇잎을 깨우자
새들이 노래하고
구름들이 흐르고
물결들은 춤추네.

날아간 새들
사라진 길들
흘러간 구름들

지평의 선들
수평의 선들
일어나 춤추고 노래하는가?

하늘의 힘
땅의 힘

별빛의 율동인가?
별빛의 노래인가?

오래된 구원

눈벌판에 누워있는 병사들 위로 탱크들이 지나갔습니다.
가시 철조망에 시체들이 매달려 있었습니다.

"그리고 날마다 성전에 모이고
집마다 빵을 나누면서
순수한 마음으로 음식을 먹고
하느님을 찬양하였습니다."

저녁놀 하늘에 새들이 날아갔습니다.
얼마후 나뭇잎에 싸락눈이 내렸습니다.

나는 구덩이 무덤 옆에 쭈구리고 앉아 있었습니다.
저기 눈밭에서 푸른 보리싹이 나오고 있었습니다.

"양떼들은 다시 풀을 뜯고, 목동들은 양떼들을 돌보았습니다."

저녁마다 기도하는 날들이 있었습니다.

찻잔 가에서

저녁 창밖 찬바람 속
맑은 눈동자들

별빛의 눈동자들인가?

저 나뭇잎들 따라
따뜻한 난로불과 찻잔을 떠나

나뭇가지 사이로 보이는
별들로 가고 싶다.

푸른 밤하늘에 피는
하얀 꽃들로 가고 싶다.

나무

길에 머리 잘린 나무들이
기억들처럼 줄지어 서 있다.

나는 죽은 나무 그루터기에 앉아
나무들의 기억을 찾는다.

먼 산을 바라보던 날들
새들이 노래하던 날들
햇빛을 따라서 걷던 날들

거울 그림자들

그림자조차 없는
빈거울이
죽은 나무들 위에 앉아 있다.

영천동 영천암

돌 위에 떨어진 나뭇잎과
돌 위에 앉아있는 돌부처는
영천암 앞샘물 따라 가고싶다.

겨울 보리밭을 지나
서녘 구름속으로 넘어가는
저녁놀 따라가

겨울새들이 나는
하얀 겨울강에서
얼음 꽃 되고 싶다.

한림 바닷가에서

어느 봄날 바다로 가는 옹포천 긴 뚝길을
걸어 가는데, 냇물에 엄마 따라가는 새끼
오리들, 물 위로 흐르는 노란 생명들,
그 풍경따라 나도 큰 바다, 푸른숲으로 걸어갔다.

어느 봄날 하루도 지나고 하늘과 맞닿은
한림 바닷가, 나무 곁에 섰을 때
저녁바람에 나뭇잎이 흔들리고 있었다.
나도 모르게 나뭇잎도 바람 속에 흐르고 있었다.

먼 아라리

걸머리 걸어가는 금산샘 물 위로 멀구슬나무꽃
향기가 떨어지고, 길가 바윗돌에서 붉은 꽃들이
피어났다.

푸른 고사리 우거진 들무덤가로 하얀 찔레꽃도
피어났다.

황사바람 부는 밤에 사람들이 달구지를 끌고
나한송 줄지어 서 있는 곳을 지나 어두운 길을 올라왔다.

나무짐 내려 놓고 쉬던 봄 냇가에는 노란 유채꽃이
흘렀고, 겨울에는 푸른 하늘 아래 멀구슬나무 열매가
진주알처럼 빛났다.

간월악 마을에서는 달빛 나무에 새들이 앉아 있었고,
검은 돌비석 지나 아라리 사람들이 걸어갔다.

세상의 모든 쓰레기

찌그러진 종이컵과 캔
깨진 병과 그릇
버려진 옷과 비닐,
비맞는 의자와 종이들

우리를 지탱해 주었던 불꽃들
사물되어 애처로이 잿빛길에 나와 있다.

하늘의 빛이었던 지상의 고운 빛 낙엽들
은총없는 중력의 땅에서
흙으로 돌아가는구나.

흙길에서 돌과 가마귀들이 슬퍼한다.

삶 뒤로 갈 수 없다.

나뭇잎은 '나뭇잎' 말을 모른다.
'나뭇잎' 말은 나뭇잎을 모른다.

이름은 '이름'을 모른다.
'이름'은 이름을 모른다.

거울 뒤에는 거울이 있고
이름 뒤에는 이름이 있고

거울 뒤로 갈 수 없다.
이름 뒤로 갈 수 없다.

거울의 창조

저기 나뭇잎 뒤에 바람이
바람 뒤에는 하늘이

하늘에는 햇빛이
햇빛 뒤에는 거울이

거울에는 눈빛이
눈빛 뒤에는 눈물이

눈물은 거울 위로 흐른다.

흐르는 거울언어에 눈멀어
거울빛언어 너머로 갈 수 없다.

갈 수 없는 곳에 그가 있다.
저기 허공의 하늘에 그가 서있다.
빛에 싸여서,

그의 비인 거울이

빛이 있으라 하니
빛이 있었다.

그가 말한다.

그림자가 있으라 하니
그림자가 있었다.

그림자들이 울면서
불꽃 속으로 들어간다.

재가 있으라 하니
재가 있었다.

제주풍경 속으로

일요일 향기나는 무화과나무 밑을 지나
큰 해바라기 얼굴들이 서 있는 간월악 길로 나선다.
산지천길 따라가면 길 끝에 금향나무가 서 있다.

오월의 밤은 감귤꽃 향기로 가득한데, 푸른 산수국은
산무덤을 안고, 하얀 들꽃들은 들무덤을 안고 잠든다.

여름날 길가에 칡나무 잎들이 햇빛을 가득 받는다.
세상은 칡나무 잎들이다. 고사리 무덤들도 푸르다.
여름밤에 시퍼런 옥수수 밭을 지나간다.

밤길을 걸어온 서귀 산지물이 정방사 앞 동홍천에서
푸른 머리칼을 풀고 바다 폭포로 떨어져, 푸른 달밤
서귀바다에서 은빛 물결로 빛난다.

구름 속에서 달무리는 잠들고, 산과 들을 지나 바다로
가는 강물소리가 바닷가 산지천에서 들린다.

겨울이면 달샘마을 가는 길에 가마귀들이 눈내린 나뭇가지에 앉아있다. 삼광사 가는 길은 하늘의 수묵화 속으로 들어간다.

재와 흙이 바람에 날리는 날들에도 남문 성터 앞 나무들은 푸르다. 저녁 수운 공원에서 가로등들이 빛나기 시작하면, 땅 가까이 가랑잎들의 말소리가 들린다. 나무들을 안아보며 혼자 풍경속을 걸어간다.

교향곡 '부활'

하늘의 빛먼지가
지상의 흙먼지가 되어

흙바람에서 들꽃이
모래바람에서 신기루가 피어난다.

공원에는 사람들이 걸어간다.
거울 속에는 빈 얼굴이 앉아있다.

거미줄에 나뭇잎 하나 매달려 있다.
들바람에 나뭇잎이 떨어진다.

문득 먼 별먼지들에서 들려오는 소리,
"나의 먼지들아 너희들은 부활할 것이다."

바람꽃

바람이

구름 바다를 노을로 흐르게 한다.
밀물 바다를 물결로 춤추게 한다.

반야가

흙에서 꽃을 피운다.
재에서 불꽃을 일으킨다.

숲으로 나있는 길에 바람이 분다.
길 끝 빈터에 꽃이 피어 있다고 한다.

니르 반야

꽃은 어디에도 피지 않는다.
불꽃은 어디에도 보이지 않는다.

바람 부는 하늘에 구름꽃이
피고 진다.

그림자 놀이

사람들이 동굴 속에 살고 있어요.

빛 그림자와 바람의 그림자들이
공중으로 달려가요.
사람들이 검은 상자 앞에 앉아 있어요.
표정없이 얼굴들이 앉아 있어요.
불빛이 무대를 비추고 있어요.
바다에 흰물결과 검은 물결이 춤추어요.

우리들은 세상에 빛놀이, 그림자 놀이가 재미있어요.
빛나는 물결 표면이 너무 아름다워요.
의미있는 표면을 떠날 수 없어요.
달려가는 빛이 신비롭기만 해요.
불빛에서 눈빛들이 사라져요.

사람들이 빛그림자 동굴 속에 살고 있어요.

보라빛 저녁

오월 멀구슬나무 아래
저녁길은 보랏빛

나무 아래로 흐르는
개울물도 보랏빛

길가 고사리 수풀 속
무덤들도 보랏빛

비오는 저녁
보랏빛으로 흐른다.

지금은

저녁이다.
눈덮인 마을에 사는 눈먼 사람들이 걸어갔다.

눈이 내린다.
부헝새가 숲 속 어둠 속으로 날아갔다.

나무가 서 있다.
황무지의 새들이 앉아있었다.

달이 없다.
무덤가에 하얀 수선화가 피어났다.

낮에 나온 달

낮달이 하늘에 떠서 나를 보네.

너의 달빛 구름들은 어디로 갔나?
지난밤 별빛들은 어디로 갔나?
달무리도 없구나.

지상은 빛나는데
그림자도 없이 희미한
기억처럼 하늘에 떠있네.

찻길에 차들은 달려가고
얼굴없이 서있는 우리들처럼

애처로이
없는 듯이 있는 듯이
공중에 떠 있네.

화석바람

조그마한 대나무 숲가에 앉아 있다.
(내가 태어난 날에 나는 이미 죽었다)

잎에 스치는 잿바람소리를 듣는다.
(나는 언제나 죽었다)

멀리서 개 짖는 소리가 그치지 않는다.
(나는 잠시 잠들었다)

햇빛은 길 위로 내린다.
(나는 잠시 깨어났다)

하얀 길은 어디론가 혼자 가고 있다.
(나는 잠시 걸어 다녔다)

바람 부는 들판에 연기들이 피어오른다.
(나는 모든 죽은이들과 같이 있었다)

가랑잎들이 이리저리 굴러간다.
(나는 지평선을 넘어가지 못했다)

연줄 끊어진 연이 논둑길 너머로 사라진다.
(나는 그림자처럼 햇빛을 떠나지 못했다)

새들은 노래하지 않는다.
(나무들은 노래를 듣지 않는다.)

흐르는 눈동자

봄하늘 새들과 구름들
시냇가 꽃들과 나무들

살아나는 빛들

잿빛 새와 구름들
시든 꽃들과 나무들

사라지는 빛들

모두들 울면서 하늘없는
어두운 지층으로 흘러가네.

하루해가 지면
흘러간 빛들

별빛되어 먼
은하로 흐르는가?

지금은 눈동자 홀로 있네.
땅에서

낡고, 외롭고, 높은 것을 위하여

거울 화석

오후의 적막한 하늘에 하얀새가
높이 서있는 나무들 위로 하얀 선을 그으며 날아갔다.

돌 위로 나뭇잎들이
나뭇잎 눈들이 화석으로 말라있다.

빛나는 모든 것들이 눈동자에서
빛바랜 사진 속의 아이들의 눈길이 흐리다.

암흑바다에서 흰 물결이
거울표정에서 파문들이 사라졌다.

저녁해 산 위의 노을 속으로
어두운 시냇물 위로 흰 그림자들이 흘러갔다.

하늘에는 글자처럼 창백한 달이
가로등 서있는 밤길에서 그림자들이 서로를 위로했다.

그림자들은 밤에
흔적들이 낮꿈으로 다시 깨어났다.

하얀 거울에는 기억이 없다.

문 앞에 서 있는 "카"

카가 집을 나와, 산비탈에서 흙비탈로 걸어간다.

카가 거리로 나와, 모래바람에서 흙바람으로 걸어간다.

카는 문지기가 서있는 문 앞으로 걸어간다.

카는 문지기를 지나 문 안으로 들어갈 수 없다.

카는 집으로 돌아갈 수도 없다.

카가 저녁에 눈을 감는다.

문지기가 문을 닫는다.

문 앞에는 거울과 바람과 낙엽만 있다.

거울 문 뒤에는 아무것도 없다.

오늘도 카는 문 앞에 맨발로 서있다.

봉개 연못

마을 안에 작은 연못이 숨어 있었다.
어느 겨울날 나는 그 연못가에 서 있었다.

어두운 물 속에 눈동자들이 있었다.
검은 물빛에 눈감은 얼굴들이 있었다.

그립던 얼굴들이 나타났다 사라졌다.

슬픈 가슴에
어두운 연못에

설사 우리의 가슴에 빛이 없더라도
사라진 얼굴들이여

달밤 연못에서
별빛처럼 빛나라.

모래 사막

푸른 보리밭이 없다.
하얀 양들이 없다.

새들이 보이지 않는 지평선으로 날아간다.
샘물없는 모래밭에 나무들이 드문드문 서 있다.

모래성이 바람에
모래알들이 위태롭다.

광야의 부름이 없다.
사막의 부름이 없다.

모래언덕에서 모래바람이 불어온다.
모래들의 시간만 흐른다.

보리밭 하늘이 없다.
양들의 풀밭이 없다.

천산의 푸른 강물이 없다.
아랄해의 푸른 물결이 없다.

사물들이 침묵한다.

숲

숲길을 간다.
빈터가 나온다.
그림자들이 걸어간다.

동굴에서 나와 다시 동굴로
밤을 지나 다시 밤으로
사람들이 걸어간다.

하늘에는 저녁놀
새들이 날아간다.

하늘메타포에서 구름메타포로
구름메타모르포제에서 새메타모르포제로

숲속 빈터에 장미꽃이 핀다.
숲토끼와 오리가 사라졌다 다시 나타났다.

숲길 흔적이
흔적을 따라간다.

숲은 마르고
새 그림자들이 떨어진다.

의미를 찾아서

그때, 그곳에
이제, 이곳에
누가 있었던가?

나 아닌 누가 있어
계속 말하고 있구나.

저녁이 있고
저녁이 있다고

가을 숲이 있고
가을 숲이 있다고

언어들 뒤로
의미의 얼굴들은 자꾸 숨는구나.

어둠 뒤에
빛이 있다고
빛 뒤에는

어둠이 있다고

말들이 의미를 쫓아가지만
의미들은 어디론가
자꾸 달아나는구나.

눈 앞의 신비

"뜰 앞에 잣나무가 서 있네"
"우물속에 밝은 눈이 빠져있네"
"은쟁반에 하얀 눈이 쌓여있네"
"산호나무에 주렁주렁 달들이 걸려있네"

눈 앞에 빛나는 신비
빛나는 그림자들

어두운 강물이 나뭇잎을 흐르게한다.
쓸쓸한 날들이 길가의 높은 나무들을 키워낸다.

산은 산이고, 물은 물이 아니다.

메아리가 메아리를 따라간다.
그림자가 그림자를 따라간다.
말이 말을 따라간다.

알 수 없는 빛의 흔적들이 눈 앞으로 흐른다.

사물들의 묘지에 나는 서 있다.
그림자들의 묘지에 나는 서 있다.

아무것도 없는 곳에서야
나는 서 있다.

세계의 침묵

문 밖에는

봄하늘에 새들이 날고 있다.
대나무 숲이 머리를 풀고 있다.
집터와 돌무덤들이 바람 속에 있다.
구름이 지평선 위에 떠 있다.
냇가를 따라 미류나무들이 서 있다.

문 안에는

꿈 잃은 밤이 창가에 서 있었다.
잿빛 구름들이 창밖으로 흘러갔다.
밤하늘에 검은 나무들이 서 있었다.
죽은 새들이 앉아 있었다.

문을 닫으면 바람소리

말문 밖에서
나무와 돌과 구름들은 말이 없다.

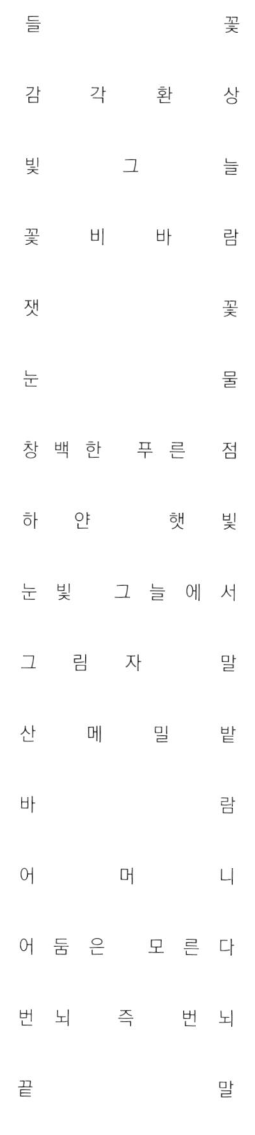

들꽃
감각 환상
빛 그늘
꽃비 바람
잿꽃
눈물
창백한 푸른 점
하얀 햇빛
눈빛 그늘에서
그림자 말
산 메밀밭
바람
어머니
어둠은 모른다
번뇌 즉 번뇌
끝말

03

하늘 별꽃

들꽃

밤하늘
별빛 속에
바람과 꽃이 있는지

지상으로 내려와
들에 하얀 꽃을 피운다.

들바람 속에 있는
들꽃들과

들무덤가에
별꽃들을 피운다.

감각환상

재가 바람에 날리는 날들에
하얀 종이새가 날고 있다.

화석 나뭇잎들이 돌에서 일어나
잿빛 나무에 달려 있다.

유령들의 비명 소리가 부활의 날들에
어두운 무대에서 들려 온다.

진화하지 못한 신들이
길거리 의자 위에 앉아 있다.

감각을 잃은 기억들이
그림자 놀이를 하고 있다.

어두운 숲에 이끼 낀
푸름새이 눈뜨고 있다.

빛그늘

인적 끊긴 길 위로
나뭇잎들이 떨어지네

밤에 홀로 떨어져
가로등 아래 누워있네.

달빛과 달무리 없더라도
싸락눈 조금 가랑잎 옆에 있네.

햇빛도 받던 날들 가버리고
가랑잎은 가로등 아래에서 잠드네.

꽃비바람

죽은 개 태우는 개천가와
씨멘트 자르는 전기칼 소리의 거리와
제초제로 시든 풀잎들과
강물에 떠 있는 죽은 물고기떼들과
탄식처럼 기어가는 벌레들의 도로를

빛나는 표면을 떠날 수 없다.

검은 눈동자에 흘러가는 흰구름
겨울 호수에 떠있는 백조
초록 거울 속 바실리 궁전
가로등에서 빛나는 빗방울
영혼이 잠자는 얼굴

화면에 춤추는 빛을 떠날 수 없다.

눈을 감고 꿈꾸는 거울 표면에
꽃비가 내리고 바람이 분다.
거울 들오름에 봄 달래가 푸르다.

슬프고도 아름다운 거울
표면을 떠나서 어디로 갈 수 없다.

잿꽃

하늘에는 황사바람
새들과 나뭇잎들이 떨어진다.

초원에는 모래바람
양들과 사슴들이 떠난다.

나무에서 별들이 떠난다.
사막 수도원에 수선화가 시든다.

디지털 화면에 마른 바람이 분다.
허상도 가상도 아닌 날들이 지나간다.

겨울밤 돌담 아래 떨어진 나뭇잎들이
찬 바람에 떨고 있다.

눈물

동백꽃 떨어진, 아침 해 붉은 길을
아이를 데리고 어머니가 걸어간다.

저녁해 어두운, 흙비탈 길가에
걷지 못하는 어머니가 앉아있다.

밤하늘 별빛들은 사라지고
누워 있는 어머니가 말이 없다.

죽은 나무들 서있는 길에
고개를 떨구고 아이가 걸어간다.

가면서 뒤돌아 보는
얼굴이 멀어진다.

창백한 푸른 점

집먼지들이 오후의 햇빛 속에서 빛나요.
햇빛 속에 떠도는 멋모르는 철없는 이 땅의
먼지들이지만,
아침 나뭇잎처럼 깨어나 햇빛 받아 초록물결로
빛나기도 해요.

거리에서 흙먼지되어 날리다가도
저녁 어두운 길에 눈빛으로 걸어가요.
밤에는 별먼지들이 구름 무덤에 머물 때
나뭇잎되어 검은 나무에서 노래해요.

우리의 이웃들인 불모의 땅들을 보아요.
우리만이 푸른 나무들을 가지고 있어요.
우리는 작은점 푸른 먼지이어요.
나뭇잎을 키우는 푸른 흙이어요.

하얀 햇빛

그것 보아요.
이것 보아요.

신화와 동화와 영화도 보아요.

그 빛이 만들었지요.

하지만 빛 너머 그를 볼 수 없지요.

거리의 빛 속에서 사람들이 노래해요.
신발들이 빛나는 계단 위에 놓여 있어요.
이미지 빛들이 마른 잎으로 날아가요.
빈의자에 그림자빛이 졸고 있어요.

밤에 거울 혼자 눈뜨고 있어요.

눈빛 그늘에서

그래서 산
그래서 물

아마도 산
아마도 물

그래도 산
그래도 물

저녁에 산 그림자
황혼에 물 그림자

산 그늘에서
산빛과 물빛으로

빛나는 별빛들

그림자 말

한낮에 바람없는 도로를 차들이 질주한다.
한밤중에 달 그림자 보고 개들이 짖는다.

한낮에 종이나무 아래에서 말을한다.
한밤중에 신경들의 비명을 듣는다.

한낮에 빛없는 그림자를 피해간다.
한밤중에 빛없는 유령처럼 떠다닌다.

한낮은 언제나 빛나는 가상이었다.
한밤중에 거울이 어둠속에 앉아있다.

그림자빛들
빛나면서 사라진다.

산메밀밭

산으로 가는
무덤과 별 사이
하얀 메밀밭에

밭이랑의 풀잎들과
가랑잎길의 샘물들과
흙속의 나무뿌리들과

하얀꽃 들판처럼
안개낀 언덕처럼
산위의 구름들처럼

저 세상 가는길에
산 메밀밭을 지나
별꽃잎 따라서 가자.

바람

나뭇잎을 지나며
흙바람은 초록바람으로

숲을 지나며
비바람은 푸른물결로

새들을 지나며
빈바람은 맑은 노래로

나를 지나며
먼지바람은 아름다운 목소리로

우리의 바램은
언제나 지나가는 바람이었다.

어머니

1.
보리밭 푸른 겨울날
들무덤가 하얀 수선화로 피어나요

목련꽃 환한 봄날에는
맑은 아침숲으로 깨어나요

거울 속 어머니
새잎 새숲으로 눈떠요

산너머 달내마을로 가는
어머니의 손을 다시 잡고 싶어요

2.
청솔이 겨울바람에 우르르 울어대는 밤
산골 문틈으로 내다 보았지요.

바람들이 몰려오고
산짐승들은 산 아래를 돌아다녔지요.

가난에 밀려 밀려
이곳으로 온 어머니

높은 산에서 물은 쏴쏴 흘러내리고
아이들은 태어났지요.

절망처럼

어머니의 손을 다시 잡고 싶어요.

어둠은 모른다

이상한 나라에
흙에서 꽃이 피고
바위에서 나무들이 자란다.

이상한 돌 신전에
신들이 보이지 않는다.
흙길에서 아이들이 울고 있다.

이상한 사람들이
생활속에서 생활한다.
죽어있는지 살아있는지 모른다.

이상한 나라에 사람들은
불꽃 너머에 잿빛을
불꽃밖 어둠을 모른다.

번뇌 즉 번뇌

문지방으로 흙바람 부는날,
검정개가 빈집에서 짖고 있다.

흙비 내리는 날,
먼지들은 빈상자 위에 앉아있다.

뜰에는 가시덤불이 무성하다.
마른 가시나무에 잎이 없다.

바닷물결 위로 검은새가 날아간다.
숨결없는 거리에서 얼굴들이 울고 있다.

살아서 죽어있는지, 살아있는지
누가 빈방에 거울처럼 앉아 있다.

바람, 반야, 니르반야
날마다 잿빛바람에 눈물들이 마른다.

■ 끝말

나뭇잎은 삶과 빛에 대한 이야기이다. 알 수 없는 일상과 빛에 대해서 이야기하고 싶었다. 그러나 말을 하고 나면 '아니다' 라는 생각이 든다. 나중에는 '모른다' 라는 생각만 든다.

나뭇잎세상, 빛세상, 거울세상, 언어세상, 인간세상 너머로 갈 수도 없고 볼 수도 없다. 이 세상의 의미들이 진리로 가는 길이라는 것을 알지만, 그 의미들 뒤에는 허공만 보인다. 우리는 지상의 생명체일 뿐, 나뭇잎처럼 햇빛에 의지해 살아갈 뿐이고, 햇빛이 소멸할 때 빛과 함께 사라질 뿐이라는 생각을 지울 수 없다.

불꽃과 재, 거울과 거울빛, 흔적과 기억, 모두가 허상이고 환상이다.

거울은 빛을 떠나지 못한다.
빛에 지쳐 잠든다. 밤에
잠든 거울에 별빛도 오지 않는다.

거울은 빛을 보지 못한다.
눈먼 거울에 그림자만 서있다.
그림자도 거울을 떠난다.

거울에 나뭇잎 하나 떨어진다.
죽은 나뭇잎, 거울을 본다.
거울도, 나뭇잎도 침묵한다.

빛의 침묵, 세상은 바람개비 꽃이었다. 바람 속에 서 있는 눈물의 나무였다.

그러나 죽은 첼란의 언어처럼, 겨울날 찬 대지에 내리는 하얀 눈 같으면 좋겠다. 하얀 눈밭에 서 있는 푸른나무처럼 우리의 일상을 위로하는 나무로 우리 곁에 서 있을 수 있으면 좋겠다. 밤에는 별빛을 바라보는 나뭇잎이라도 되었으면 좋겠다.

별빛과 나뭇잎

지은이 · 김종태
펴낸이 · 유재영, 유정융
펴낸곳 · 주식회사 동학사

1판 1쇄 · 2022년 11월 15일
출판등록 · 1987년 11월 27일 제10-149

주소 · 04083 서울 마포구 토정로53 (합정동)
전화 · 324-6130, 324-6131 | 팩스 · 324-6135
E-메일 | dhsbook@hanmail.net
홈페이지 | www.donghaksa.co.kr
www.green-home.co.kr

ISBN 978-89-7190-843-3 03810

이 책은 2022년 제주문화예술재단의 지원으로 출간되었습니다.